AF592284

LE GUIGNOL DES ENFANTS

par

Gaston CONY

Sept pièces faciles à jouer

ANDRÉ LESOT, Libraire-Éditeur
10, rue de l'Éperon, 10
PARIS (VIe)

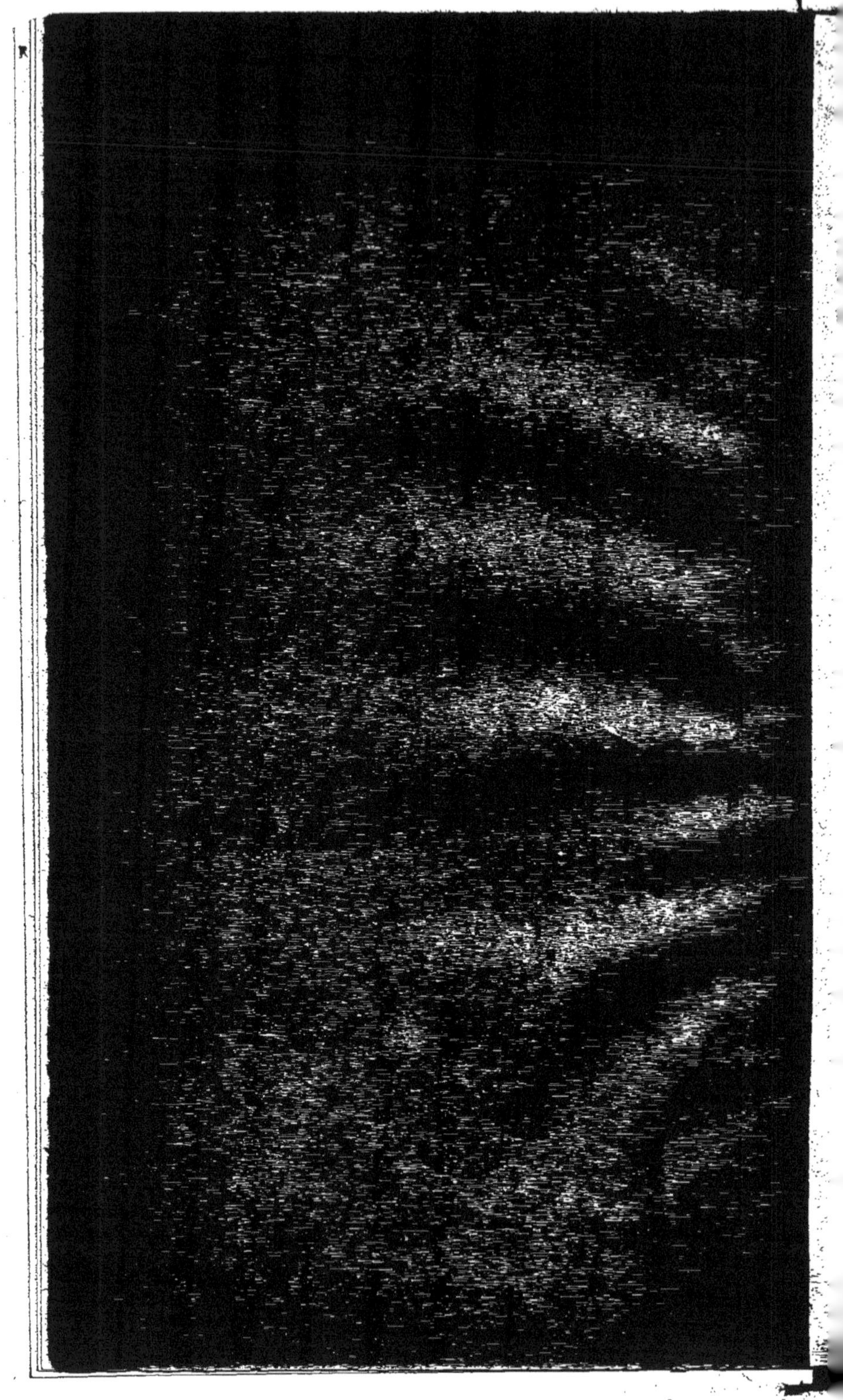

LE GUIGNOL DES ENFANTS

Sept pièces faciles à jouer

GASTON CONY

LE GUIGNOL DES ENFANTS

Sept pièces faciles à jouer

ANDRÉ LESOT, Libraire-Éditeur
10, rue de l'Éperon, 10,
PARIS (VIe)

Un recueil comme celui-ci n'a pas besoin d'être présenté aux Lecteurs. Le sujet qu'il traite, la personnalité de son auteur et son prix peu élevé, sont les plus sûrs garants de son succès.

Ajoutons seulement que les pièces qu'il renferme sont, avant tout, morales, amusantes et d'une extrême facilité d'exécution.

C'est plus qu'il n'en faut pour permettre à nos enfants d'utiliser enfin les petits Théâtres de Guignols qui sont et resteront toujours le jouet préféré de la jeunesse.

Pan, pan, pan, chère assistance
Achevez de vous placer,
Pan, pan, pan, faites silence,
Le Guignol va commencer.

Vous amuser et vous plaire
Est mon unique désir,
Or, si je sais vous distraire,
Applaudissez à loisir.

Pan, pan, pan, chère assistance,
Achevez de vous placer,
Pan, pan, pan, faites silence,
Le guignol va commencer.

Gaston Cony.

C'est Guignol qui se charge de réciter ce petit prologue avant de commencer la représentation. Il doit être armé d'un bâton avec lequel il frappe sur la planchette du théâtre aux mots de pan, pan, pan.

La fête de Madelon

Pièce en un acte

PERSONNAGES

GUIGNOL

MADELON, *femme de Guignol*

Décor : Une place publique

SCENE PREMIERE

GUIGNOL, *dans la coulisse*

Non !... je ne puis m'attarder davantage. C'est aujourd'hui la fête de ma femme... il faut que je rentre à la maison... Bonsoir, Gnafron !... (*Entrant par la droite avec un gros bouquet entre les bras*). J'espère qu'avec ce bouquet Madelon sera contente. Il est vrai qu'elle est si difficile à satisfaire !... Elle est méchante et farouche comme je ne sais quoi (*Au public*) Ne riez pas !... C'est la vérité. Ainsi, tenez, tous les jours, elle me cherche noise et elle me donne des coups de bâton... Oui, oui..., parfaitement... pour un rien, pour la plus petite chose, pif, paf !... Quelle distribution ! Ce n'est pas une femme, c'est un démon, c'est une panthère, c'est un crocodile enragé !... Elle me torture, elle me tyrannise !... parfois, j'ai bien envie de protester, mais que voulez-vous, c'est plus fort que moi, quand elle parle... elle me fait peur, quand elle crie... elle me terrifie, quand elle frappe... je n'ai pas le courage de me revenger. Oh !... si j'osais, je vous promets que... (*S'arrêtant brusquement*) J'entends causer... On dirait que c'est la voix de Madelon... (*Regardant dans la coulisse droite*) Aïe !... c'est elle !... j'en étais sûr. Que vient-elle faire par ici ?... Elle me cherche probablement. Elle doit être dans une colère !... Sapristi, soyons prudent. Cachons-nous derrière ce mur et ne nous montrons qu'au moment voulu (*Il sort par la droite*).

SCENE II

MADELON, *entrant par la gauche armée d'un bâton.*

Est-il possible de se débaucher pareillement ?... Il est bientôt neuf heures et Guignol n'est pas encore rentré. Le misérable !... me laisser seule le jour de ma fête. Pensez-vous qu'il songe à cela ? c'est le moindre de ses soucis, il ignore même, j'en suis certaine, que c'est aujourd'hui la Sainte Madelon. Où peut-il être ?... Il traîne sans doute de cabaret en cabaret avec son ami Gnafron. Oh !... le gredin !... le monstre ! je vais lui infliger à son retour une bonne correction et nous verrons bien de nous deux qui aura le dernier. En attendant, laissons mon bâton là un instant (*Elle pose son bâton sur la planchette du théâtre*) et allons boire une petite tasse de café chez Mme Ducordon, la concierge d'en face (*Elle sort par la gauche*).

SCENE III

GUIGNOL, *entrant par la droite, tenant toujours son bouquet.*

J'ai joliment bien fait de me cacher !... Vous avez vu ?... Quelle furie !... (*Il pose son bouquet à droite sur la planchette du théâtre*). Oh !... mais j'en ai assez de cette existence, je me révolte à la fin !... c'est trop ridicule de me laisser molester de la sorte. Je veux être désormais le maître chez moi, Madelon a justement laissé son bâton, profitons de l'aubaine, prenons-le et mettons-le de notre côté (*Il prend le bâton qui est à gauche et le dépose à droite*). Maintenant, Madame mon épouse, je vais vous montrer à mon tour que je ne vous crains pas (*Regardant dans la coulisse gauche.*) La voici... Attention !...

SCENE IV

GUIGNOL, MADELON

MADELON, *dans la coulisse.*

Merci, ma bonne Madame Ducordon, votre café était délicieux. Je vais aller voir à présent si mon ivrogne de mari est rentré. Au revoir... (*Entrant par la gauche sans voir Guignol*). Quelle excellente amie que cette Madame Ducordon, elle est d'une complaisance... (*Apercevant Guignol*). Ah ! enfin, te voilà !... d'où viens-tu, sacripant ?...

GUIGNOL

D'où viens-tu toi-même ?...

MADELON, *sèchement.*

Je viens d'où il me plaît.

GUIGNOL

Cependant...

MADELON

Ce n'est pas ton affaire.

GUIGNOL

Néanmoins...

MADELON

Cela ne regarde que moi. Ce que je te demande, c'est de me dire d'où tu viens.

GUIGNOL, *contrefaisant Madelon.*

Je viens d'où il me plaît.

MADELON

Je veux savoir...

GUIGNOL

Ce n'est pas ton affaire.

MADELON

Veux-tu me dire...

GUIGNOL

Cela ne regarde que moi.

MADELON

Comment, tu oses me narguer ?... prends garde !...

GUIGNOL

Je me moque de tes menaces.

MADELON

Gare à toi !... si tu me fais sortir de mon caractère...

GUIGNOL, *riant.*

Avec ça qu'il est joli ton caractère !...

MADELON

Ah !... c'est trop fort !... Tu vas être puni de ton insolence, je vais prendre mon bâton et... (*N'apercevant plus son bâton*). Tiens ?... il a disparu ?... Où est-il passé ?...

GUIGNOL, *s'emparant du bâton.*

Le voici, ma chère petite Madelon.

MADELON, *surprise*

Hein !... tu as eu l'audace de me le voler ?...

GUIGNOL

Ma foi, oui !..

MADELON

Veux-tu me donner bien vite, ce bâton ?...

GUIGNOL

Pas si bête... si tu le veux, viens le prendre.

MADELON

Nous allons bien voir ça !... (*Elle saute sur Guignol pour lui arracher son bâton, mais Guignol se défend et finalement il lui donne de violents coups de bâton sur la tête*). Oh !... la, la !... il me frappe !... à moi !... à l'aide !... au secours !... Oh ! mon Dieu, que je suis malheureuse !...

GUIGNOL

Eh bien ! crois-tu qu'il est agréable de recevoir des coups de bâton ?...

MADELON

Oh !... non, par exemple !... J'ai la tête démolie !

GUIGNOL

Me promets-tu, maintenant, de ne plus me battre et d'être moins autoritaire, moins mauvaise et moins acariâtre qu'autrefois ?

MADELON

Je ne promets rien...

GUIGNOL, *faisant mine de frapper à nouveau.*

Alors...

MADELON, *vivement.*

Si... Si..., je te le promets.

GUIGNOL

Me jures-tu, sans rancune, de ne plus me chercher querelle et de t'occuper de notre ménage au lieu d'aller bavarder chez tes voisines ?...

MADELON

Je ferai ce que bon me semblera...

GUIGNOL, *de même.*

Alors...

MADELON

Si... si... je te le jure.

GUIGNOL

Dis-tu vrai ?... Tiendras-tu ces promesses ?... Ne veux-tu pas encore m'abuser ?...

MADELON

Non, Guignol, je parle sincèrement. Promets-moi de ne plus aller au cabaret et je t'assure qu'à l'avenir je serai gentille comme un ange, je ferai tout mon possible pour que nous vivions en bonne amitié.

GUIGNOL

Soit !... je ne boirai plus jamais, je t'en donne ma parole (*Jetant son bâton*). Jetons ce bâton dont nous n'aurons plus besoin, et puisque nous sommes d'accord, permets-moi de t'offrir ce bouquet en l'honneur de ta fête (*Il prend le bouquet et le donne à Madelon*)

MADELON, *prenant le bouquet.*

Quelle surprise !... On ne peut être plus galant. Merci d'avoir pensé à moi. C'est donc pour acheter ces fleurs que tu es rentré si tard ?...

GUIGNOL

Naturellement.

MADELON

Et moi qui croyais.. Oh ! pardonne-moi, Guignol, pardonne-moi !...

GUIGNOL

Avec plaisir, ma chère Madelon, car, vois-tu, dans la vie, être bon, honnête et charitable, c'est encore le meilleur moyen d'être heureux.

(*Rideau*).

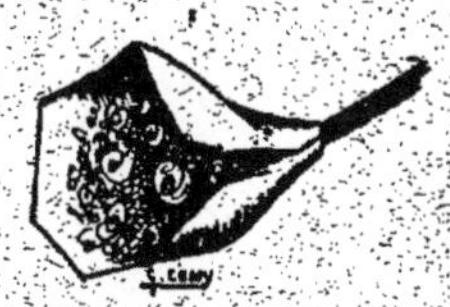

L'Hôtel du Lapin Blanc

Pièce en un acte

PERSONNAGES

DURAGOUT, *hôtelier*
GUIGNOL, *domestique*.

Décor : Un salon.

SCENE PREMIERE

DURAGOUT, *entrant avec un plumeau.*

Allons, une dernière inspection ! (*Il se met à épousseter fiévreusement, en chantonnant*). Vous vous demandez certainement pourquoi je suis si gai ?... Eh bien !... sachez que moi... Moi !... Monsieur Duragout, propriétaire de l'Hôtel du Lapin Blanc, le plus bel et le plus confortable hôtel de Versailles, je vais avoir l'honneur de loger aujourd'hui le célèbre Prince Raminagrobis, fils unique et héritier direct du roi de

Sisimisipi. Ayant été averti de son arrivée, hier soir, par téléphone, j'ai fait demander d'urgence, au *bureau* de placement, un domestique supplémentaire pour ce matin, et cet homme n'est pas encore venu... Je suis dans une inquiétude... Enfin, tout est prêt, c'est le principal !... J'ai confectionné, moi-même, un petit déjeuner dont le prince se souviendra longtemps. Quel heureux jour !... Cette visite va me faire une réclame considérable dans les environs. Ce qui me fait encore le plus plaisir, c'est de penser que tous mes voisins vont être terriblement jaloux de voir un Prince... Que dis-je !... un futur souverain... descendre dans ma maison... dormir sous mon toit... se reposer dans une de mes chambres... coucher dans un de mes lits... Je crois rêver quand j'y pense (*Midi sonne*). Quoi ? Midi ?... Midi déjà ?... L'heure solennelle est arrivée..., le Prince va venir... L'exactitude, dit-on, est la politesse des rois... (*Coup de sonnette*). Tenez, ça y est !... Le voici !... Je tremble... j'ose à peine aller lui ouvrir... Allons, Duragout, du courage !... Soyons prévenant, aimable et distingué (*Il sort par la droite*).

SCENE II

GUIGNOL, *entrant par la droite, suivi de Duragout qui le salue jusqu'à terre.*

Bonjour, Monsieur. Est-ce bien ici l'Hôtel du Lapin Blanc ?

DURAGOUT

Oui (*Saluant*), Prince.

GUIGNOL

Aurais-je l'honneur de parler à Monsieur Duragoût ?

DURAGOUT, *à part.*

Oh !... Aurais-je l'honneur... Il est charmant ! (*Haut*) Oui (*saluant*) Prince.

GUIGNOL

Je suis celui que vous attendez.

DURAGOUT

Oui, oui !... Prince, j'étais prévenu de votre arrivée.

GUIGNOL, *à part.*

Il était prévenu !... C'est sans doute le bureau de placement. (*Haut*) Je suis peut-être un peu en retard ?..

DURAGOUT

Pas du tout... (*Saluant*) Prince.

GUIGNOL, *à part.*

Prince ?... Encore !... C'est une manie probablement (*Haut*) Dites donc, Monsieur Duragout, pourquoi m'appelez-vous toujours Prince ?... Je me nomme Guignol.

DURAGOUT, *surpris.*

Guignol ...? (*A part*) J'y suis !... Il voyage sans doute incognito (*Haut*). Pardonnez-moi, j'ignorais cette particularité.

GUIGNOL, *à part.*

En voilà des simagrées et des courbettes !... (*Haut*) Par quoi faut-il commencer ?...

DURAGOUT

Je suis à vos ordres, prin... (*Se reprenant*) Non !... Monsieur Guignol (*A part*) Quel original !... (*Haut*)

Si vous voulez prendre la peine de passer par ici (*Il indique la coulisse droite*), un copieux déjeuner vous attend.

GUIGNOL, *à part.*

Il m'invite à déjeuner ?... Quelle bonne maison !... Je n'ai jamais vu un patron recevoir ainsi ses domestiques (*Haut*) Monsieur Duragoût, vous me plaisez infiniment et nous nous entendrons certainement tous les deux. Quant à mes conditions...

DURAGOUT, *l'interrompant.*

Oh !... ne parlons pas de ça !... Vos conditions seront les miennes.

GUIGNOL

Cependant...

DURAGOUT

N'insistez pas !... Vous me fâcheriez.

GUIGNOL

Bien! bien !... (*A part*) C'est égal, quelle politesse !... J'en suis ahuri !... Après tout, puisqu'il m'invite, allons déjeuner,... j'ai justement un appétit féroce... (*Haut*) Où se trouve la salle à manger ?...

DURAGOUT, *indiquant la coulisse droite.*

De ce côté.

GUIGNOL

Par ici ?

DURAGOUT

Oui... Je vous ai réservé les plus beaux appartements de mon hôtel.

GUIGNOL

Vous êtes trop gracieux.

DURAGOUT

Nullement !... Monsieur Guignol, vous êtes ici chez vous, si vous avez besoin de mes services, daignez sonner, je suis à votre entière disposition.

GUIGNOL, *à part.*

Comment ?... C'est lui qui sert ses employés ?... A la bonne heure !... Voila un patron modèle. (*Haut*) A tout à l'heure, mon cher Monsieur Duragoût (*Il sort par la droite*).

SCENE III

DURAGOUT, *seul.*

Son cher Monsieur Duragoût... Quel homme affable !... Je suis très content de moi, tout a été à merveille et le Prince a l'air satisfait... Je n'aurais jamais cru qu'il fût aussi facile de causer à un prince... Oh !... je garderai longtemps le souvenir de cette glorieuse réception !... Tous les journaux vont certainement relater cet évènement... (*On entend dans la coulisse la sonnerie d'un téléphone*) Tiens !... Qui peut me téléphoner ?... C'est sans doute des journalistes désirant m'interviewer... Allons voir... (*Il sort par la gauche. Parlant dans la coulisse*) Allo !... allo !... Qui est à l'appareil, s'il vous plaît ? Le Chambellan du Prince Raminagrobis ?... Hein ?... Vous dites ?... Le Prince ne viendra pas aujourd'hui ?... Mais... cependant... Allo !... allo !... Je n'entends plus rien... Allo !... Sapristi !... La communication est coupée... (*Rentrant en scène*) Qu'est-ce que cela veut dire ?... Si véritablemnt le Prince ne vient pas,... quel est donc l'homme que je viens de recevoir ?... Je veux en avoir le cœur net !... Je le vois justement venir de ce côté..., interrogeons-le adroitement.

SCENE IV

DURAGOUT, GUIGNOL

GUIGNOL, *entrant par la droite.*

Monsieur Duragoût, tous mes compliments, votre déjeuner est délicieux.

DURAGOUT

Enchanté !... Ravi !... Charmé !... (*Riant*). Ah ! Ah ! Ah ! C'est très drôle !... Figurez-vous que l'on vient de m'annoncer, par téléphone, que le prince Raminagrobis ne viendrait pas aujourd'hui chez moi... Ah ! Ah ! Ah !... Comme c'est amusant ! Qu'en dites-vous ?...

GUIGNOL, *indifférent.*

Peuh !...

DURAGOUT

La chose est plaisante.

GUIGNOL

Peuh !...

DURAGOUT, *à part.*

Il ne veut rien dire... Changeons de conversation (*Haut*) Ah !... Quel beau pays que le Sisimisipi !...

GUIGNOL

Le Sisi... quoi ?...

DURAGOUT

Le Sisimisipi.

GUIGNOL

Le Sisi... Qu'est-ce que c'est que ça ?

DURAGOUT

N'est-ce pas votre illustre pays ?... La noble terre où vous êtes né ?...

GUIGNOL

Mon pays ?... Vous voulez rire !... Je suis Français... et je m'en vante !...

DURAGOUT

Français ?... Mais alors..., vous n'êtes pas le Prince Raminagrobis ?...

GUIGNOL, *à part.*

Allons, bon !... Voilà sa manie qui le reprend... (*Haut*) Non ! Non !... Cent fois non !... Je vous ai déjà dit que je m'appelais Guignol.

DURAGOUT

Oui, mais... Guignol est un pseudonyme, ce n'est pas votre véritable nom ?...

GUINGOL

Si... si, vous dis-je !... Je n'en ai jamais eu d'autre... Demandez du reste au bureau de placement et vous verrez que...

DURAGOUT, *l'interrompant.*

Au bureau de placement ?... Ciel !... Je comprends tout !... Vous êtes le domestique que j'attendais ?...

GUIGNOL

Parfaitement.

DURAGOUT

Sapristi !... Et moi qui vous prenais pour le Prince Raminagrobis !... Quelle méprise !...

GUIGNOL, *riant.*

Ah ! Ah ! Ah !... Elle est bien bonne !...

DURAGOUT

Pourquoi ne m'avez-vous rien dit ?...

GUIGNOL

C'est votre faute, vous n'avez pas voulu me croire.

DURAGOUT

C'est vrai !... J'ai tous les torts... J'aurais dû prendre des renseignements.... demander des explications... Oh !... Quel malheur !... Si l'on apprend cette histoire en ville ma maison va perdre sa bonne renommée.... On va me ridiculiser... Je vais être la risée de tout le monde !... Monsieur Guignol, je vous en prie, ne racontez cette aventure à personne... Soyez discret et, pour vous remercier de votre silence, achevons de déjeuner ensemble. Nous fumerons ensuite un bon cigare. Aceptez-vous ?...

GUIGNOL

Me conservez-vous quand même à votre service ?...

DURAGOUT

Dame !... Je ne peux guère faire autrement.

GUIGNOL

Alors, c'est entendu, je serai muet comme une carpe !... (*Au public*) Et vous, charmant public, un conseil : Puisque vous connaissez maintenant le secret, si vous venez un jour visiter Versailles, faites comme moi, venez déjeuner gratuitement à l'Hôtel du Lapin Blanc. En attendant... (*Il chante sur l'air de « La bonne aventure »*).

Si vous avez ri vraiment
De mon aventure,
Par vos applaudissements,
Je vous en conjure,
Récompensez les acteurs
Et nous chanterons en chœur :
La bonne aventure,
Oh ! gai !
La bonne aventure !...

(*Rideau*).

La Cuisinière

Pièce en un acte

PERSONNAGES

DURAPIAT, *vieil avare.*
GUIGNOL, *domestique de Durapiat.*
FOUINARD, *juge d'instruction.*

Décor : Un salon.

SCENE PREMIERE

GUIGNOL — DURAPIAT

GUIGNOL, *entrant par la gauche, suivi de Durapiat. Il tient une cuillère à pot qu'il pose sur la tablette.*

Enfin, Monsieur Durapiat, avez-vous l'intention de bien recevoir ce monsieur ?

DURAPIAT

Assurément. Fouinard est un de mes meilleurs amis, c'est une vieille connaissance, je l'ai connu jadis au collège. Depuis, il a fait son chemin : il vient d'être nommé juge d'instruction ! Je l'ai rencontré hier, par hasard, dans l'autobus et, comme j'aurai probablement besoin de lui pour certains procès que j'ai en ce moment, je l'ai invité pour aujourd'hui. Voyons, que pourrais-tu faire pour dîner ?...

GUIGNOL

Dame !... Il faudrait pour commencer une bonne soupe, puis des hors-d'œuvre, quelques entrées, deux plats de viande, plusieurs légumes, un peu de salade, un bon entremets, du fromage, des fruits variés, divers gâteaux, et je crois qu'avec quelques bonnes bouteilles de vin...

DURAPIAT, *l'interrompant.*

Arrête ! Arrête ! Malheureux !... Tu veux donc nous faire mourir d'indigestion ? C'est trop !... C'est beaucoup trop !... Premièrement, la soupe n'est pas nécessaire ; deuxièmement, les entrées sont superflues. Quant aux hors-d'œuvre, on s'en passera facilement. Le soir, la viande est très indigeste, aussi n'est-elle pas indispensable, les légumes non plus, et de même la salade, l'entremets, le fromage, les fruits, les gâteaux, etc., etc.

GUIGNOL

Etc., etc. !... Alors, si rien n'est indispensable, que voulez-vous que je fasse ?...

DURAPIAT

Quelque chose de bon et qui ne coûte pas cher.

GUIGNOL, *à part.*

Quel vieux grippe-sou !... Il couperait un liard en

quatre ! (*Haut*)... Combien comptez-vous dépenser pour ce dîner ?...

DURAPIAT

Heu !... Heu !... Crois-tu qu'avec une pièce de cinquante centimes ?...

GUIGNOL

Cinquante centimes..., mais vous êtes fou !...

DURAPIAT

Comment, je suis fou ?... Tu n'es qu'un insolent !.. Tu mériterais que je te mette à la porte.

GUIGNOL

Oh ! cela m'est bien égal ! Si vous croyez me faire de la peine vous vous trompez joliment. Ce n'est pas avec les trente sous que vous me donnez par semaine que je peux vivre comme un milord. Aussi, je quitterai votre maison sans regret. Je n'aurai pas de mal à trouver un maître plus généreux que vous.

DURAPIAT

Ah ! c'est ainsi... Eh bien ! je te donne tes huit jours, tu m'entends ? Tu ne feras rien à dîner, j'irai dîner avec mon ami au restaurant.

GUIGNOL

C'est comme vous voudrez.

DURAPIAT

N'espère pas que je revienne sur ma décision. Cette fois, c'est fini, c'est irrévocable, dans huit jours je te chasse !... je te chasse !... je te chasse !... (*Il sort par la droite*).

SCENE II

GUIGNOL, *seul.*

Allons, bon ! me voilà, une fois de plus, mis à la porte. Toutes les semaines, c'est la même chose. Il me donne mes huit jours, mais il ne me congédie jamais. Quel homme !... Oh !... j'ai une envie folle d'inventer quelque tour pour me venger de son avarice et de sa ladrerie. Que pourrais-je bien imaginer ?... (*Réfléchissant*) Si je... Non, cela n'est pas possible... Ou plutôt si... Parfaitement. Ah ! ah ! monsieur Durapiat, je tiens ma vengeance (*Coup de sonnette*). On sonne... C'est sans doute son ami Fouinard. Apprêtons-nous à jouer notre rôle (*Nouveau coup de sonnette*) On sonne encore... Allons ouvrir. (*Il sort par la gauche et rentre bientôt suivi de Fouinard*).

SCENE III

GUIGNOL, FOUINARD.

GUIGNOL, *simulant un profond désespoir.*

Oh !... là, là... Mon Dieu !... Quel malheur !...

FOUINARD, *interloqué.*

Qu'avez-vous, mon ami ?... Que se passe-t-il ?

GUIGNOL

Oh !... ne m'en parlez point, Monsieur le Juge, c'est atroce !...

FOUINARD

Mais enfin me direz-vous...

GUIGNOL, *gémissant.*

Un si bon patron !... c'est abominable !...

FUINAROD

Il est donc arrivé malheur à mon ami Durapiat ?...

GUIGNOL, *soupirant.*

Hélas !...

FOUINARD

Serait-il malade ?...

GUIGNOL, *même jeu.*

Ah !... si ce n'était que cela !

FOUINARD

Serait-il ruiné ?...

GUIGNOL, *même jeu.*

Ah !... si ce n'était que cela !...

FOUINARD

Serait-il mort ?...

GUIGNOL, *même jeu*

Ah !... si ce n'était que cela !...

FOUINARD

Bigre !... Que lui est-il donc arrivé ?

GUIGNOL

Monsieur Fouinard, ayez du courage... Je vais tout vous dire !... Mon maître... monsieur Durapiat... votre ami enfin...

FOUINARD

Eh bien ?...

GUIGNOL

Il est fou

FOUINARD, *surpris.*

Fou ?

GUIGNOL

Oui, Monsieur.

FOUINARD

C'est bizarre !... Je l'ai cependant rencontré hier en parfaite santé, il avait l'air de se porter à merveille.

GUIGNOL, *sanglotant.*

Hi ! hi ! hi ! ... la folie l'a pris subitement ce matin... Ah !... mon bon maître que j'aime tant !... Je ne m'en consolerai jamais. Hi ! hi ! hi !...

FOUINARD

Voyons, calmez-vous, mon ami, la folie est une maladie guérissable ; ainsi, tenez, moi qui vous parle, dans ma carrière de magistrat, j'ai rencontré bien souvent des cas semblables et je vous assure qu'avec beaucoup de soins votre maître pourra recouvrer la raison.

GUIGNOL, *soupirant.*

Ah ! s'il n'y avait que cela ?...

FOUINARD

Comment ?... Il y a donc encore autre chose ?...

GUIGNOL

Malheureusement !... Oh ! la pauvre cuisinière !...

FOUINARD

La cuisinière... Quelle cuisinière ?... Votre maître avait une cuisinière ?...

GUIGNOL

Oui, mais il ne l'a plus.

FOUINARD

Il l'a mise à la porte ?...

GUIGNOL

Non, Monsieur. Ce matin, dans un accès de fièvre chaude, il l'a jetée par la fenêtre.

FOUINARD, *sursautant.*

Hein !... Vous dites ?... Votre maître a jeté sa cuisinière par la fenêtre ?...

GUIGNOL

Oui, Monsieur le Juge.

FOUINARD

Oh !... le misérable !... Commettre un crime aussi odieux !... Monsieur Durapiat, vous allez avoir un compte terrible à rendre à la Justice. Je cours au bureau de police le plus proche requérir la gendarmerie et relater votre importante déposition ; pendant ce temps, fermez toutes les issues pour empêcher votre maître de sortir.

GUIGNOL

Bien, Monsieur le Juge.

FOUINARD

Je reviens dans un instant arrêter ce dangereux assassin. Nous le mettrons provisoirement sous les verrous en attendant son incarcération définitive (*Il sort par la gauche*).

GUIGNOL, *seul.*

Ah ! ah ! ah !... Ma petite fourberie marche admirablement !... Le juge d'instruction croit fermement que le patron est fou,... il est parti prévenir la gendarmerie. Tout est pour le mieux !... Mais j'entends Monsieur Durapiat venir de ce côté... Attention !...

SCENE IV

GUIGNOL, DURAPIAT.

DURAPIAT, *entrant par la droite.*

Qu'est-ce que cela veut dire ?... J'ai entendu sonner tout à l'heure, ce devait être mon ami Fouinard, tu n'as donc pas été lui ouvrir ?...

GUIGNOL

Si, Monsieur.

DURAPIAT

Mais alors, où est-il ?... Pourquoi n'ai-je pas été prévenu aussitôt ?...

GUIGNOL, *simulant un profond désespoir.*

Ah ! Monsieur, si vous saviez... Quel affreux malheur

DURAPIAT, *surpris.*

Comment ?... Qu'y a-t-il ?...

GUIGNOL

Hélas !... C'est bien malheureux !... Il a l'air d'un si brave homme !...

DURAPIAT

Quoi !... serait-il arrivé un accident à mon ami Fouinard ?...

GUIGNOL

Un accident ?... dites plutôt une épouvantable catastrophe.

DURAPIAT

Une catastrophe ?...

GUIGNOL

Oui, Monsieur... Votre ami Fouinard a perdu la raison.

DURAPIAT

Comment, mon ami Fouinard est fou ?...

GUIGNOL

Il est fou, fou à lier, tout ce qu'il y a de plus fou.

DURAPIAT

C'est incroyable !... Je l'ai vu cependant hier et il ne m'a pas semblé fou du tout.

GUIGNOL

Les apparences sont parfois trompeuses. Si vous l'aviez vu aujourd'hui, vous seriez convaincu. Il m'accusait d'avoir assassiné une cuisinière et il voulait me mordre.

DURAPIAT

Pas possible !... Il est parti ?...

GUIGNOL

Oui, mais il va revenir dans un instant. Aussi, si j'ai un bon conseil à vous donner, c'est de ne pas le contredire, ni le contrarier. Sans cela, il vous mangerait. (*Il sort par la droite*)

DURAPIAT, *seul.*

Brrou !... Saperlotte !... Quelle pénible situation !... Si j'avais su, je ne l'aurais pas invité à dîner... Mais j'entends du bruit... on monte l'escalier... on ouvre la porte... c'est lui... c'est le fou !... Je ne suis pas très rassuré. Allons nous mettre sous les armes (*Il sort*).

SCENE V

FOUINARD, *entrant par la gauche.*

Les gendarmes sont en bas, impossible qu'il nous échappe !... (*Examinant attentivement Durapiat qui entre, armé d'un balai*) Le voici !... Quelle tête de criminel !...

DURAPIAT, *à part.*

Comme il me regarde !...

FOUINARD, *s'emparant de la cuillère à pot.*

Il ne me perd pas de vue... Soyons prudent.

DURAPIAT, *à part.*

Ne brusquons rien... Prenons-le par la douceur (*Haut, posant son balai*). Bonjour, cher ami.

FOUINARD, *sévère.*

Monsieur Durapiat, je ne suis plus votre cher ami. Après ce qu'il vient de se passer, vous devez comprendre que désormais vous ne verrez plus en moi un ami, vous n'y verrez qu'un magistrat (*Il pose sa cuillère.*)

DURAPIAT, *à part.*

Bon !... Voilà sa folie qui le reprend (*Il saisit son balai*).

FOUINARD

Ainsi, c'est vous qui l'avez jetée par la fenêtre ?...

DURAPIAT

Quoi donc ?...

FOUINARD

La cuisinière.

DURAPIAT

La cuisinière ?

FOUINARD

Inutile de nier. Votre culpabilité est évidente. Je sais tout !... C'est vous qui avez commis ce crime ?...

DURAPIAT, *à part.*

Que veut-il dire ?... Enfin, Guignol m'a dit qu'il ne fallait pas le contrarier, suivons ce conseil, disons comme lui (*Il pose son balai*). (*Haut*) Mon Dieu, oui !... c'est moi qui ai commis ce crime.

FOUINARD

Quel cynisme !... Pourquoi avez-vous jeté cette pauvre femme par la fenêtre ?...

DURAPIAT

C'était... c'était pour m'amuser.

FOUINARD

Quelle cruauté !... Votre conscience ne vous reproche donc rien ?... N'avez-vous pas honte d'avoir accompli cet épouvantable forfait ?

DURAPIAT

Ma foi, non !...

FOUINARD

Quelle barbarie !... Tremblez, infâme meurtrier, rien n'atténuera la gravité de votre cas : le bagne ou l'échafaud vous attend !

DURAPIAT, *à part.*

Il est tout à fait toqué !... (*Il reprend son balai*).

FOUINARD

Avant d'aller vous asseoir sur les bancs de la Cour d'assises, je vous accorde deux minutes pour faire vos adieux à cette maison que vous ne reverrez plus.

DURAPIAT, *à part.*

Il est complètement fou !... Je vais tâcher de m'esquiver pour aller chercher un médecin (*Il veut sortir par la droite*)...

FOUINARD, *lui barrant le passage.*

N'essayez pas de fuir, les gendarmes sont dans l'escalier, la maison est cernée. Suivez-moi donc en silence, si vous voulez éviter le scandale.

DURAPIAT, *posant son balai.*

Voyons, mon cher Fouinard...

FOUINARD, *empoignant Durapiat.*

Allons, pas de protestations, venez par ici...

DURAPIAT, *se débattant.*

Lâchez-moi, je vous en prie !... A moi !... Au secours !... (*Fouinard saisit la cuillère à pot. Bataille. Ils sortent en se bousculant*).

SCENE VI

GUIGNOL *entre par la droite, en se tordant de rire.*

Ah ! quelle bonne plaisanterie !... Voilà le patron en prison ! Monsieur Durapiat, cela vous apprendra peut-être à vous montrer un peu plus prodigue à l'avenir (*Coup de sonnette*). Tiens, on sonne,... allons ouvrir... (*Il sort par la gauche et rentre aussitôt*) Sapri-ti, le Juge !...

SCENE VII

GUIGNOL, FOUINARD.

FOUINARD, *entrant par la gauche.*

Ah !... vous voilà, Monsieur Guignol.

GUIGNOL

Tiens, vous savez donc comment je m'appelle ?

FLUINARD

Parfaitement. Vous voyez que je ne suis pas encore aussi fou que vous le dites.

GUIGNOL, *à part.*

Diable !... Se douterait-il de quelque chose ?...

FOUINARD

Monsieur Guignol, vous m'avez dit tout à l'heure que votre maître avait jeté ce matin sa cuisinière par la fenêtre.

GUIGNOL

En effet, je l'ai dit et je le maintiens...

FOUINARD

Eh bien !... vous avez menti !... Il vient d'être

prouvé par de nombreux témoins que votre maître n'a jamais eu de femme à son service.

GUIGNOL

C'est exact !... Seulement, Monsieur le Juge, je vais vous expliquer : la cuisinière que mon maître a jetée par la fenêtre, ce n'était pas une cuisinière ordinaire.

FOUINARD

Comment cela ?... Ce n'était pas une cuisinière ?...

GUIGNOL

Si, mais... c'était une cuisinière en fer blanc !... (*Il s'échappe par la droite*).

FOUILNARD, *seul.*

Une cuisinière en fer blanc !... Et moi qui viens de faire jeter Durapiat en prison !... Quelle gaffe !... Allons vite réparer cette fâcheuse erreur judiciaire. Courons lui rendre la liberté. (*Il sort par la gauche*)

SCENE VIII

GUIGNOL, *entrant par la droite.*

Tiens, le juge est parti ?... C'est à moi, je crois d'en faire autant car, lorsque le patron va rentrer, il pourrait me faire payer cher mon méchant tour. (*Au public*) Adieu, donc, charmants spectateurs et gracieuses spectatrices. Pardonnez-moi de vous fausser si brusquement compagnie, et, en attendant le plaisir de nous revoir, chantons tous en chœur ;

(*Il chante sur l'air de* Cadet Roussel :)

Sans un regret, sans un souci (*bis*)
Éloignons-nous vite d'ici (*bis*)
Et, si vous claquez cette pièce,
Je chanterai plein d'allégresse :
Ah !... Ah !... Ah !... oui, vraiment, (*bis*)
Ce cher public est bon enfant (*bis*).

(*Rideau*)

Carabi Caraba

ou a malin, malin et demi

Pièce en un acte

PERSONNAGES

GUIGNOL.

NICOLAS, *fils de Guignol.*

FILOUTAS, *voleur.*

Décor : Une forêt.

SCENE PREMIERE

FILOUTAS, *entrant par la droite.*

– Quelle bonne aubaine !... J'ai appris ce matin, dans la ville, qu'un nommé Guignol devait aller porter aujourd'hui une somme de deux mille francs chez le notaire de son patron. Pour accomplir cette commission, Guignol est forcé de traverser la forêt ; aussi j'ai résolu de l'attendre sur cette route et de lui voler son argent. L'endroit est solitaire... Guignol est un peu naïf... Je lui conterai une histoire quelconque et je n'aurai pas de peine à lui prendre son sac d'écus. (*Regardant de tous côtés*) Voilà bientôt deux heures que je suis ici et je ne vois rien venir... Aurait-il pris un autre chemin ?... (*Ecoutant*). J'entends marcher... (*Regardant à gauche*) Enfin !... le voici qui vient de ce côté... Attention, Filoutas !... de l'aplomb !... de l'audace !... et dans un instant les deux mille francs sont à toi !... (*Il se place dans le fond de la scène*)

SCENE II

FILOUTAS, GUIGNOL.

GUIGNOL, *entrant par la gauche sans voir Filoutas. Il chante et porte entre ses bras un petit sac d'argent.*

Oh !... Qu'il fait chaud !... Ce sac d'argent est d'un lourd !... Si je pouvais rencontrer un cabaret en chemin, j'y entrerai volontiers, rien ne donne plus soif que de chanter et de marcher en même temps.

FILOUTAS, *s'avançant et saluant Guignol.*

Bonjour, Guignol.

GUIGNOL, *se retournant.*

Tiens !... bonjour, Monsieur Vous me connaissez donc ?

FILOUTAS

Je pense bien, mon cher Guignol, mais que fais-tu dans la forêt ?

GUIGNOL

Je vais faire une commission pour mon maître, Monsieur Cassandre. Et vous ?

FILOUTAS

Moi ?... Je me promène. Figure-toi que je viens de trouver une source comme il n'y a en a pas certainement de pareille au monde.

GUIGNOL, *intrigué.*

Une source ?...

FILOUTAS

Oui !... une source merveilleuse où il coule du vin

GUIGNOL, *sceptique.*

Du vin ?... Quelle plaisanterie !... Je voudrais bien voir cette fameuse source pour y boire un coup.

FILOUTAS

Ce n'est pas difficile !... Je vais te la montrer.

GUIGNOL, *étonné.*

C'est donc vrai ?

FILOUTAS, *avec assurance.*

Aussi vrai que le soleil nous éclaire.

GUIGNOL

C'est incroyable !... Où est-elle !...

FILOUTAS, *mystérieusement.*

Près d'ici. Je vais t'en indiquer l'endroit, mais promets-moi de ne révéler ce secret à personne.

GUIGNOL

Je te le jure, mon cher... mon cher... Comment t'appelles-tu ?...

FILOUTAS

Je m'appelle Filoutas.

GUIGNOL

C'est un drôle de nom !.. Enfin, c'est entendu, tu peux compter sur ma discrétion.

FILOUTAS, *montrant dans la coulisse gauche un point imaginaire.*

Eh bien !... Vois-tu là-bas ce gros rocher près des grands arbres ?... ma source se trouve derrière, monte sur ce rocher et tu la verras facilement.

GUIGNOL

Il faut que je grimpe sur ce rocher ?... Sapristi !... avec mon sac, ce n'est guère commode.

FILOUTAS

Bah !... S'il n'y a que cela qui t'embarrasse !... Confie-moi ton sac, je le garderai pendant ton absence.

GUIGNOL, *sans méfiance.*

C'est une bonne idée !... (*Lui donnant son sac*) Tiens, le voici. Surtout prends garde de ne pas te le laisser voler.

FILOUTAS

Sois sans crainte !... Je veillerai dessus comme s'il m'appartenait.

GUIGNOL

C'est cela... A tout à l'heure... Voyons voir cette source... (*Il sort par la gauche*).

FILOUTAS, *seul.*

Ah !... Ah !... Se laisser prendre à un piège aussi grossier, quel nigaud !... Maintenant que je suis riche, sauvons-nous. Adieu, Monsieur Guignol!... des compliments à votre maître ; dites-lui que j'emporte son argent et que je lui laisse en échange le souvenir de ma merveilleuse découverte (*Il sort par la droite*)

SCENE III

GUIGNOL, *entrant par la gauche.*

Je n'ai rien vu !... Je crois que ce Filoutas s'est moqué de moi et si... (*Ne voyant plus Filoutas, il regarde de tous côtés*) Mais où est-il ? Ah ! le sacripant. Il s'est enfui avec mon sac ?... Je suis volé !... à moi !... Au secours !... au voleur !...

SCENE IV

GUIGNOL, NICOLAS.

NICOLAS, *entrant par la gauche armé d'un bâton.*

Au voleur ?... Qu'y a-t-il mon petit père ?...

GUIGNOL, *surpris de voir son fils.*

Hein !... Comment se fait-il que tu sois ici ?...

NICOLAS

Papa, ne me gronde pas !... Je savais que tu devais traverser seul la forêt ; aussi, craignant qu'il t'arrive un malheur, je t'ai suivi à distance armé de ce bâton afin de te venir en aide en cas de besoin.

GUIGNOL

Ah !... Nicolas, tu arrives trop tard !... On vient de me voler mon sac d'argent.

NICOLAS

Comment cela ?......

GUIGNOL

C'est un certain Filoutas qui m'a trompé en me disant qu'il venait de découvrir une source extraordinaire où il coulait du vin. Croyant ce mensonge, pour voir ce phénomène, sans défiance, je lui ai confié mon sac un instant et le drôle en a profité pour s'enfuir avec !... Hélas ! Que va dire Monsieur Cassandre ?

NICOLAS

Ne te désole pas et laisse-moi faire ! Ce chenapan est obligé de repasser ici pour sortir de la forêt... Nous allons l'attendre et je te promets de lui reprendre ton argent.

GUIGNOL

De quelle façon ?...

NICOLAS

Rien n'est plus facile que de tromper un trompeur !... Je vais employer une ruse qui... Mais j'entends du bruit... C'est certainement notre voleur... Cachons-nous vite de ce côté (*Ils sortent par la gauche*).

SCENE V

FILOUTAS, *entrant par la droite avec le sac d'argent entre les bras.*

Personne... Guignol est parti... (*Regardant à gauche*) la route est libre... profitons-en !... Je vais retourner chez moi faire rapidement mes malles et mes paquets et quitter la ville au plus tôt. Ah !... Je suis bien heureux.

NICOLAS, *entrant brusquement par la gauche, toujours armé de son bâton.*

Pas tant que moi, Filoutas.

SCENE VI
FILOUTAS, NICOLAS

FILOUTAS, *surpris.*

Quel est ce gamin ?... d'où sors-tu petit garnement ?

NICOLAS, *avec aplomb.*

De la terre.

FILOUTAS

De la terre ?... te moques-tu de moi ?...

NICOLAS

Non (*montrant son bâton*) car, grâce à ce talisman qui m'a été donné jadis par une vieille sorcière, je peux obtenir à peu près tout ce que je désire.

FILOUTAS, *incrédule.*

Allons donc !... c'est impossible.

NICOLAS

C'est cependant la vérité !... Demandez quelque chose et vous verrez par vous-même si votre vœu ne se réalise pas.

FILOUTAS

Si je demandais, par exemple, d'être transporté chez moi invisiblement, le serai-je ?

NICOLAS

Vous le seriez immédiatement ; du reste, si vous voulez vous en convaincre, rien ne vous coûte d'essayer.

FILOUTAS

Il est vrai... Comment faut-il faire ?...

NICOLAS

Posez d'abord votre sac, puis, en pensant fortement à ce que vous désirez voir se réaliser, dites ces mots cabalistiques : « Je veux du bâton Carabi-Caraba ... ».

FILOUTAS

S'il n'y a que cela à dire, ce n'est pas difficile... essayons tout de suite (*Il pose son sac d'argent sur la planchette du théâtre*) Attention ! Je veux du bâton Carabi-Caraba !...

NICOLAS, *lui donnant des coups de bâton.*

Tu veux du bâton ?... Tiens !... en voilà, bandit !... fripon !... voleur !...

FILOUTAS, *s'enfuyant par la droite.*

A moi !... à l'aide !... on m'assomme !... je suis mort !... à la garde !...

NICOLAS, *seul.*

Oh ! Quel piètre brigand !... il n'a même pas eu le courage de se défendre.

SCENE III

NICOLAS, GUIGNOL.

GUIGNOL, *entrant par la gauche.*

Carabi... Caraba !... (*Riant*) Ah !... ah !... j'ai bien ri de la crédulité de ce misérable Filoutas. Bravo !... Bravo !... mon cher garçon, maintenant que nous avons reconquis notre argent, ne nous attardons pas davantage, continuons gaiement notre route et allons faire notre commission.

NICOLAS

Tu as raison mon petit père.

GUIGNOL, *reprenant son sac.*

Je vais reprendre mon sac...

NICOLAS, *en riant.*

Ne le lâche plus, cette fois !...

GUIGNOL

Sois tranquille !... cette fâcheuse aventure a été pour moi une bonne leçon ; je n'accorderai plus à l'avenir ma confiance au premier venu et je réfléchirai désormais avant de faire quoi que ce soit.

(*Rideau*).

Le Déménagement de Madame Ducordon

Pièce en un acte

PERSONNAGES

CASSANDRE, *propriétaire.*
GUIGNOL, *domestique de Cassandre.*
MADAME DUCORDON, *concierge.*
LE GENDARME.

Décor : Une place publique

SCENE I

CASSANDRE, *dans la coulisse.*

Vous entendez, Madame Ducordon, c'est le dernier délai, si dans une heure vous ne m'avez pas rendu mon argent, je vous chasse de ma maison et je garderai comme garantie votre mobilier (*Entrant par la gauche.*) A-t-on jamais vu chose pareille ?... Ma concierge touche l'argent des termes de mes locataires, puis elle le dépense au lieu de me le remettre. C'est le comble de l'impudence !... Oh !... mais elle ne rira plus longtemps à mes dépens; si je ne suis pas remboursé intégralement, je garde ses meubles et je la mets sans scrupule à la porte. Ce que je crains c'est qu'elle essaye de déménager clandestinement comme elle m'en a menacé ; c'est d'autant plus ennuyeux pour moi qu'ayant une commission urgente à faire, je suis forcé de m'absenter pour quelques instants. Il faudrait que je trouve quelqu'un qui veuille bien me remplacer pendant mon absence... (*réfléchissant*). Qui pourrais-je charger de ce soin ?... Eureka !... j'ai trouvé !... Guignol, mon domestique. L'idée est excellente, Guignol est un garçon intelligent et circonspect ; nul ne saura mieux que lui se tirer d'affaire. Appelons-le et avertissons-le de ce qui se passe (*Appelant*) Guignol !...

SCENE II

CASSANDRE, GUIGNOL.

GUIGNOL, *entrant par la droite.*

Voilà, Monsieur. Vous avez besoin de mes services ?.

CASSANDRE

Oui, Guignol. Veux-tu gagner cinq francs ?...

GUIGNOL

Je ne demande pas mieux, que faut-il faire ?...

CASSANDRE

Tu connais Madame Ducordon, ma concierge ?...

GUIGNOL

Je pense bien !.., d'ailleurs tout le monde la connaît dans le quartier, c'est une bavarde, c'est une mauvaise femme, elle est toujours à médire sur votre compte, je ne peux pas la voir en face.

CASSANDRE

Je viens de la mettre à la porte ; cependant, comme elle me doit une certaine somme d'argent, je ne veux pas qu'elle enlève ses meubles avant de m'avoir rendu ce qu'elle me doit.

GUIGNOL

C'est tout naturel.

CASSANDRE

Or, devant m'absenter un moment, veux-tu me remplacer pendant ce temps ?...

GUIGNOL

Oui, Monsieur.

CASSANDRE

Surtout, fais bien attention, emploie tous les moyens pour l'empêcher de déménager, si tu réussis, je te donnerai une belle pièce de cinq francs pour te récompenser de ta peine. Puis-je compter sur toi ?...

GUIGNOL

Comme sur vous-même. Je vais me poster devant la maison et monter la faction jusqu'à votre retour.

CASSANDRE

C'est cela, j'ai confiance en toi... au revoir, Guignol (*Il sort par la gauche*).

GUIGNOL, *seul.*

Ah !... Ah !... Madame Ducordon, j'en apprends de belles sur votre compte !... Non contente d'avoir escroqué l'argent du patron, vous voulez encore déménager... « Emploie tous les moyens pour l'en empêcher, m'a dit Monsieur, et je te donnerai cinq francs ». Jamais ordre ne sera plus fidèlement exécuté ! Car, pour ma part, Madame Ducordon, vous m'avez trop fait de misères et de méchancetés pour que je vous plaigne et que je prenne aujourd'hui pitié de vous. Dans le cas où elle voudrait déménager de force, prenons des précautions, allons chercher un bâton (*Il sort par la droite*).

SCENE III

MADAME DUCORDON, *entrant par la gauche.*

Oh !... ces propriétaires, quelle maudite engeance !... Imaginez-vous que le mien veut me congédier et confisquer mon mobilier. Il n'aura rien, rien !... C'est moi qui vous le dis (*Indiquant la coulisse gauche*) Je viens de le voir s'éloigner de ce côté, profitons de cette circonstance pour déménager en cachette... quand il reviendra, il n'y aura plus personne, il trouvera la cage vide et l'oiseau envolé !... Voyons dépêchons-nous de mettre ce projet à exécution... Je vais sortir et déposer momentanément mes meubles ici, quand tout sera dehors, je trouverai bien une voiture pour les enlever. Commençons d'abord par le plus pressé, allons chercher ma literie. (*Elle sort par la gauche et revient avec un matelas qu'elle dépose sur la planchette du théâtre*). Voici mon matelas..., allons chercher maintenant mon traversin (*Elle sort par la gauche*).

SCENE IV

GUIGNOL, *entrant par la droite armé d'un bâton.*

J'ai pris le plus gros et le plus solide bâton que j'ai pu trouver, je vais le déposer dans ce coin, de cette façon, si par hasard... (*En posant son bâton sur la planchette il aperçoit le matelas déposé par Madame Ducordon*) Tiens ! Tiens !... Qu'est-ce que c'est que ça ?... un matelas !... je ne me trompe pas, c'est celui de la concierge... Sapristi, elle ne perd pas de temps !... Ah ! Madame Ducordon, vous voulez déménager... très bien !... à merveille !... heureusement que je suis là. Prenons ce matelas et mettons-le de ce côté (*Il prend le matelas et sort par la droite*)

SCENE V

MADAME DUCORDON, GUIGNOL.

MADAME DUCORDON, *entrant par la gauche. Elle apporte cette fois un gros traversin.*

Voici mon traversin, posons-le délicatement (*Elle le pose sur la planchette du théâtre*) et allons chercher mes draps (*Elle sort par la gauche*)

GUIGNOL, *entrant par la droite*

J'ai mis le matelas en sûreté et je... (*apercevant le traversin*). Hein !... Quel est encore cet ustensile ?... C'est un traversin, bon! mettons-le avec le matelas (*Il prend le traversin et sort par la droite*).

MADAME DUCORDON, *entrant par la gauche avec des draps*

J'ai toujours peur que le propriétaire ne me surprenne... Hâtons-nous... posons mes draps (*elle les dépose sur la planchette du théâtre*) et allons chercher ma table (*Elle sort par la gauche*).

GUIGNOL, *entrant par la droite et apercevant les draps*

Ah !... cette fois ce sont les draps... c'est parfait !... mettons-les avec le traversin (*Il prend les draps et sort par la droite*).

MADAME DUCORDON, *entrant par la gauche avec une petite table.*

C'est étonnant comme cette table est lourde... j'en suis toute essouflée... (*posant la table sur la planchette du théâtre*). Pressons-nous, allons chercher maintenant mon balai (*Elle sort par la gauche*).

GUIGNOL, *entrant par la droite.*

Voyons voir ce qu'il y a de nouveau (*apercevant la table*) Ah !... un aéroplane !... non, c'est une table. Peste !... quel beau mobilier !... Enlevons la table et faisons-lui prendre le même chemin que les draps (*Il prend la table et sort par la droite*).

MADAME DUCORDON, *entrant par la gauche avec un balai*

Je serais curieuse de voir la tête du propriétaire quand il va revenir... En attendant, posons ce balai sur ma table et... (*n'apercevant plus les objets qu'elle avait déposé précédemment*). Oh !... mon Dieu !... Où donc est passée ma table ?... et mes draps ?... et mon traversin ?... et mon matelas ?... je suis volée !... à moi !... au voleur !... arrêtez-le !...

GUIGNOL, *entrant par la droite.*

En voilà du tapage, que se passe-t-il, Madame Ducordon ?...

MADAME DUCORDON

Ah !... c'est au moins toi, bandit, qui a volé mon mobilier ?...

GUIGNOL

Votre mobilier ?...

MADAME DUCORDON

Ne fais pas l'ignorant, c'est inutile, tu sais ce que je veux dire..., je l'avais déposé ici.

GUIGNOL

Vous aviez déposé votre mobilier ici ?... Vous voulez donc coucher dehors ?

MADAME DUCORDON

J'étais en train de déménager.

GUIGNOL

Vous avez donc rendu au propriétaire l'argent que vous lui deviez ?...

MADAME DUCORDON

Cela ne te regarde pas, rends-moi plutôt ce que tu m'a pris, coquin !... filou !... voleur !...

GUIGNOL

Tout doux, Madame Ducordon s'il y a un voleur de nous deux, je vous assure que ce n'est pas moi.

MADAME DUCORDON

Tu oses m'insulter? Attends, tu vas me payer ça !... (*Elle lui donne des coups de balai*)

GUIGNOL, *prenant le bâton qu'il avait déposé sur la planchette depuis le commencement de cette scène.*

Voulez-vous laisser votre balai tranquille ?...

MADAME DUCORDON, *le frappant de nouveau.*

Jamais de la vie !... tiens, gueux !... tiens, canaille !..

GUIGNOL

Madame la concierge, c'est vous qui l'aurez voulu (*Il lui donne des coups de bâton*)

MADAME DUCORDON, *lâchant son balai.*

Ah !... le brigand !... le lâche !... me frapper, moi, une faible femme, je vais te faire mettre en prison !... Allons chercher les gendarmes (*Elle sort par la gauche*).

GUIGNOL, *seul*

Allez chercher qui vous voudrez, les gendarmes ne me font pas peur; que peut-on redouter lorsqu'on est dans son droit et qu'on n'a rien à se reprocher ?... Le gendarme ne pourra que me féliciter d'avoir agi énergiquement C'est égal, j'ai joliment bien fait d'apporter de quoi me défendre ou sans cela j'allais passer un mauvais quart d'heure.

SCENE VI

GUIGNOL, LE GENDARME,

LE GENDARME, *entrant par la gauche.*

Nous allons voir ce que nous allons voir !... Je vais subséquemment arrêter immédiatement le délinquant.

GUIGNOL, *saluant.*

Bonjour, Monsieur le Gendarme.

LE GENDARME, *à part.*

Voilà un particulier qui répond ostensiblement et superlativement au signalement que l'on m'a donné... C'est certainement lui le coupable. (*Haut*) Dites-moi, c'est bien vous qui vous appelez Guignol ?...

GUIGNOL

Parfaitement.

LE GENDARME

Alors, mon garçon, suivez-moi.

GUIGNOL

Où donc ?

LE GENDARME

En prison

GUIGNOL

En prison ?... Vous voulez rire.

LE GENDARME

Sachez qu'un gendarme ne rit jamais, allons, oust !... suivez-moi...

GUIGNOL

Monsieur le Gendarme, écoutez, je vais vous expliquer...

LE GENDARME, *l'interrompant.*

Allez, allez!... Pas d'explications... en prison.

GUIGNOL

C'est fort simple, figurez-vous que...

LE GENDARME

Venez en prison.

GUIGNOL

Laissez-moi causer et vous allez comprendre...

LE GENDARME

En prison.

GUIGNOL

Vous allez voir par vous même...

LE GENDARME, *voulant emmener Guignol.*

Assez de circonlocutions, mon gaillard, je vous arrête !...

GUIGNOL, *lui donnant des coups de bâton.*

Et moi aussi...

LE GENDARME, *criant.*

Aïe !... j'en ai vu trente-six chandelles... Ah !... Vous faites de la rébellion !... Votre affaire est claire. Je vais chercher du renfort (*Il sort par la gauche*).

GUIGNOL, *posant son bâton.*

Ce gendarme est stupide !... en prison !... en prison !... il ne sait dire que ça Il n'y a pas moyen de lui faire entendre raison.

SCÈNE VII

GUIGNOL, CASSANDRE

CASSANDRE, *entrant par la gauche.*

Je suis furieux!... Il n'y a presque plus rien dans la loge de ma concierge... Qu'est-ce que cela signifie !... Pourquoi l'as-tu laissé déménager malgré les recommandations que je t'avais faites avant mon départ?...

GUIGNOL

Monsieur, rassurez-vous. En effet, votre concierge a voulu déménager, mais, grâce à moi, bernique !... elle n'a rien enlevé. Vous trouverez tout son bataclan dans le hangar de votre jardin.

CASSANDRE

Bravo !... Guignol, je suis content de toi (*lui donnant de l'argent*). Tiens, prends ceci en plus des cinq francs que je t'avais promis, tu boiras à ma santé (*Il sort par la droite*).

GUIGNOL, *seul.*

Merci, Monsieur. Maintenant, partons d'ici au plus vite, car le gendarme pourrait bien revenir (*Il veut sortir par la gauche, mais il rencontre le gendarme entrant de ce côté*).

SCENE VIII

GUIGNOL, LE GENDARME

LE GENDARME, *lui barrant le chemin.*

Halte là !... On ne passe pas.

GUIGNOL

Monsieur le Gendarme, pardonnez-moi, si j'ai résisté et si j'ai refusé tout-à-l'heure de vous suivre en prison, c'est que je ne suis pas coupable.

LE GENDARME

Comment, vous avez assommé à moitié Madame Ducordon, vous lui avez volé son mobilier et vous avez l'audace de dire que vous n'avez rien fait.

GUIGNOL

Tout cela est inexact !... c'est elle qui a commencé à me frapper, je me suis défendu simplement ; quant à son mobilier, elle vous a trompé également. Devant une grosse somme d'argent à mon maître, elle voulait profiter de son absence pour déménager à la cloche de bois, mais elle ignorait que celui-ci m'avait chargé de l'en empêcher par tous les moyens ; elle vous a donc fait un faux rapport, c'est elle qui est fautive;

si j'ai pris ses meubles c'était pour l'empêcher de commettre une vilaine action. Comprenez-vous ?...

LE GENDARME

Sufficit !... j'ai compris. Alors vous êtes innocent ?...

GUIGNOL

Comme un petit agneau qui vient de naître ; la meilleure des preuves, c'est que mon maître vient de me donner de l'argent pour boire à sa santé. J'allais exécuter cet ordre quand je vous ai rencontré. Vous devez avoir soif, Monsieur le Gendarme, voulez-vous me faire le plaisir de venir trinquer avec moi ?...

LE GENDARME

Ce n'est pas de refus. Pristi !... Vous avez l'air d'un bon bougre !... Vous m'avez cependant donné certains coups de bâton...

GUIGNOL

Oh !... je regrette vivement de vous avoir frappé, je vous jure de ne plus recommencer.

LE GENDARME

Vous avez raison, Monsieur Guignol, car en toutes choses le dernier mot doit rester à la loi !...

(*Rideau*).

Maison à Louer

Pièce en un acte

PERSONNAGES

CASSANDRE.
GUIGNOL, domestique de Cassandre.
GNAFRON, ami de Guignol.
Mlle ARTHEMISE.

Décor : Un salon.

SCÈNE I

CASSANDRE - GUIGNOL.

CASSANDRE, *entrant par la gauche, suivi de Guignol.*

— C'est bien entendu ?... Ne laisse entrer personne. Je te confie la garde de ma maison.

GUIGNOL

Oui, Monsieur.

CASSANDRE

Je serai de retour dans un mois. Je vais en Bretagne pour toucher l'héritage de mon oncle Dupiton qui vient de mourir. Pauvre cher oncle !... quelle chance qu'il soit resté comme moi célibataire. N'ayant pas d'enfant, sa fortune me revient certainement. Je vais d'abord aller chez son notaire et je cours ensuite prendre le train. Au revoir, Guignol. (*Il sort par la gauche*).

GUIGNOL, *seul.*

Ouf !... me voilà tranquille, car rien n'est plus grognon qu'un vieux garçon !... avec sa manie de ne pas vouloir se marier, je suis obligé de faire tout le travail de la maison... Enfin, je vais pouvoir en prendre un peu à mon aise !... J'entends justement monter l'ami Gnafron, appelons-le (*Appelant*) Ohé!... Ohé !... Gnafron !...

SCENE II

GUIGNOL — GNAFRON

GNAFRON, *entrant par la gauche.*

Bonjour, la compagnie !...

GUIGNOL

Gnafron, je vais t'apprendre une bonne nouvelle.

GNAFRON

Qu'y a-t-il ?... le vin est-il diminué ?...

GUIGNOL

Tais-toi, ivrogne, tu ne penses qu'à boire !... Non, ce n'est pas cela. Le patron vient de partir en voyage pour un mois, aussi si j'avais de l'argent, je serais le plus heureux des hommes.

GNAFRON

Quoi, grand dadais, tu ne songes donc pas à profiter de l'absence de Monsieur Cassandre ?...

GUIGNOL

Comment cela?...

GNAFRON

Loue son pavillon en meublé.

GUIGNOL

Qu'est-ce que cela veut dire ?...

GNAFRON

Tu ne sais donc pas que les Parisiens aiment à venir l'été respirer pendant quelque temps l'air pur de la campagne ?... Alors, ils louent une maison meublée pour trois mois, deux mois, un mois..., ce qu'ils trouvent, comprends-tu ?... Puisque le pavillon de ton maître se trouve libre...

GUIGNOL

Ce n'est pas très honnête.

GNAFRON

Ne t'embarrasse pas de cela !... Songe que tu peux louer ce pavillon deux cents francs sans compter les petits bénéfices.

GUIGNOL

Sapristi !... deux cents francs... si je n'avais pas peur que le patron le sache !...

GNAFRON

Qui le lui dira ?... Il ne cause à personne.

GUIGNOL

Mais où trouver un locataire ?...

GNAFRON

Ce n'est pas difficile, il n'y a qu'à mettre un écriteau annonçant que la maison est à louer. Laisse-moi faire et bientôt tu n'auras que l'embarras du choix (*Il sort par la gauche*).

GUIGNOL, *seul.*

J'ai peut-être eu tort d'accepter ?... Car si Monsieur Cassandre... Bah !... personne ne voudra sûrement louer sa maison et je peux dormir sur mes deux oreilles (*Coup de sonnette*) Tiens, on sonne !... Est-ce que... (*nouveau coup de sonnette*). Voilà !... Voilà !... allons ouvrir(*Il sort par la gauche et rentre aussitôt suivi de Mlle Arthémise*).

SCENE III

GUIGNOL — Mlle ARTHÉMISE

Mlle ARTHÉMISE *entrant par la gauche.*

Bonjour, Monsieur.

GUIGNOL

Bonjour, Madame. Que désirez-vous ?...

Mlle ARTHÉMISE

Je cherchais dans cette ville un petit pavillon meublé en location, quand je suis passée par hasard devant cette maison ; un de vos amis y posait un écriteau annonçant qu'elle était à louer ; je me suis renseignée auprès de lui et ce monsieur m'a déclaré qu'on en désirait deux cents francs pour un mois. J'accepte ces conditions et de plus n'ayant pas de domestique en ce moment, je vous engage, si vous le désirez, aux appointements de cinquante francs.

GUIGNOL, *hésitant.*

Madame, laissez-moi vous dire...

Mlle ARTHÉMISE, *l'interrompant.*

Ne me remerciez pas, je vous en prie, je suis heureuse d'avoir trouvé cette maison, elle me plaît beaucoup... le parc est magnifique... j'y serai très bien. Ce séjour guérira, je l'espère, la tristesse de mon âme et la douleur de mon profond chagrin. Je vais visiter les appartements et en prendre de suite possession.

GUIGNOL, *hésitant toujours*

Madame, il est impossible...

Mlle ARTHÉMISE, *l'interrompant.*

Impossible de m'accompagner ?... Mais il est inutile de vous déranger... à tout-à-l'heure, mon garçon (*Elle sort par la droite*).

GUIGNOL, *seul.*

Eh bien !... me voilà gentil à présent avec cette dame sur les bras... Pourvu qu'elle ne casse rien !... Il est vrai qu'elle est généreuse... Deux cents francs et cinquante francs pour mes gages !... J'étais tellement émerveillé que je n'ai pas osé dire un mot. Je n'aurais jamais cru... (*Coup de sonnette*) Comment, on sonne encore !... Si c'était un autre locataire ?... Ouvrons vite... (*Il sort par la gauche et rentre immédiatement suivi de Cassandre*). Sapristi ... c'est le patron !

SCENE IV

CASSANDRE, *entrant par la gauche.*

Ah !... je suis furieux !...

GUIGNOL, *embarrassé.*

Monsieur n'est donc pas parti ?...

CASSANDRE

Non !... Figure-toi qu'en sortant d'ici je me suis rendu chez le notaire pour connaître le testament de mon oncle, là, j'ai appris à mon grand étonnement, que pour prouver sa reconnaissance à une certaine demoiselle nommée Arthémise qui l'avait soigné avec un grand dévouement jusqu'à sa mort, il lui avait légué toute sa fortune. Depuis, cette jeune fille a quitté le pays pour une destination inconnue et nul ne sait où elle est partie... Je ne connais pas cette demoiselle Arthémise, mais le notaire m'a dit qu'elle avait été jadis abandonnée par ses parents et adoptée secrètement par mon oncle ; c'est sans doute une aventurière, aussi si jamais je la rencontre un jour sur mon chemin, je te promets de lui dire toutes ses vérités. En attendant, je vais enlever mon costume de voyage et rien, tu m'entends, Guignol ?... rien à l'avenir me ne fera plus sortir d'ici (*Il veut sortir par la droite*).

GUIGNOL, *lui barrant le chemin.*

N'entrez pas là... Monsieur !...

CASSANDRE

Comment ?...

GUIGNOL

Il y a quelqu'un dans votre chambre...

CASSANDRE

Quelqu'un ?...

GUIGNOL, *bredouillant.*

Oui, Monsieur, une dame qui... une dame que...

CASSANDRE, *avec fureur.*

Une dame chez moi !... Quelle est cette dame ?...

GUIGNOL, *troublé.*

C'est la... c'est la... (*subitement*) c'est la matelassière.

CASSANDRE, *surpris.*

La matelassière ?... que fait-elle là ?...

GUIGNOL

Elle fait... elle fait les matelas... la laine avait besoin d'être cardée à nouveau... je voulais profiter de l'absence de Monsieur pour...

CASSANDRE, *l'interrompant.*

Tu aurais dû attendre que je t'en donne l'ordre, enfin, puisque c'est ainsi, je vais aller dans mon cabinet de travail... j'espère qu'elle n'en a pas pour longtemps, la matelassière ?...

GUIGNOL

Oh !... non, Monsieur, pour un mois.

CASSANDRE, *sursautant.*

Comment, pour un mois ?...

GUIGNOL, *bredouillant.*

C'est-à-dire... c'est-à-dire... pour mo... pour un moment.

CASSANDRE

Très bien, dis-lui qu'elle se dépêche (*Il sort par la gauche*).

GUIGNOL, *seul.*

Quelle tuile !... Où me suis-je fourré !... Il faut à tout prix que cette dame sorte d'ici... Je la vois justement venir de ce côté... Sapristi, comment faire ?...

SCENE V
GUIGNOL — Mlle ARTHÉMISE

Mlle ARTHÉMISE, *entrant par la droite.*

La chambre à coucher est très confortable... Voyons voir maintenant par ici... (*Elle se dirige vers la gauche*).

GUIGNOL, *lui barrant le chemin.*

N'entrez pas là, Madame !... il y a quelqu'un...

Mlle ARTHÉMISE

Quelqu'un ?...

GUIGNOL

Oui..., il y a un Monsieur...

Mlle ARTHÉMISE

Quel est ce Monsieur ?...

GUIGNOL, *bredouillant.*

Le Monsieur ?... ce n'est pas un Monsieur... c'est-à-dire si... c'est... le ramoneur !...

Mlle ARTHÉMISE

Le ramoneur ?... Que fait-il ?...

GUIGNOL

Le ramoneur ?... Il ramone Madame ... il ramone !..

Mlle ARTHÉMISE

Mais il va tout salir !... Je ne veux pas de ramoneur chez moi, dites-lui qu'il s'en aille.

GUIGNOL, *ne bougeant pas.*

Oui, oui..., Madame..., j'y cours...

Mlle ARTHÉMISE

Eh bien !... Qu'attendez-vous ?... Allez le prévenir... ou plutôt ce n'est pas la peine, j'entends marcher.., il vient sans doute par ici... je vais lui parler moi-même

GUIGNOL, *se sauvant par la droite.*

Il vient !... patatras !... sauve qui peut !...

Mlle ARTHÉMISE, *seule.*

Comment sauve qui peut ?... Qu'est-ce que tout cela veut dire ?...

SCENE VI

Mlle ARTHÉMISE — CASSANDRE

CASSANDRE, *entrant par la gauche, sans voir Mlle Arthémise.*

Cette aventure est incroyable et si... (*apercevant Mlle Arthémise*). Tiens, la matelassière est encore là ?...

Mlle ARTHÉMISE, *saluant.*

Bonjour, Monsieur.

CASSANDRE, *de même.*

Bonjour, Madame... Vous êtes toujours ici ?...

Mlle ARTHÉMISE

Oui, j'attendais votre départ pour sortir.

CASSANDRE, *surpris.*

Mon départ ?... Mais je ne m'en vais pas.

Mlle ARTHÉMISE

Vous avez encore des cheminées à ramoner ?...

CASSANDRE, *de plus en plus surpris.*

Des cheminées à ramoner ?... Pour qui me prenez-vous, Madame la matelassière !...

Mlle ARTHÉMISE, *furieuse.*

Matelassière ?... Sachez à qui vous parlez, Monsieur le ramoneur !...

CASSANDRE

Ramoneur !... Sortez de chez moi, Madame...

Mlle ARTHÉMISE, *l'interrompant.*

De chez vous ?... mais vous êtes fou !... je suis ici chez moi. J'ai loué ce pavillon aujourd'hui pour un mois.

CASSANDRE

Comment vous avez loué ma maison ?... savez-vous, Madame la matelassière...

Mlle ARTHÉMISE, *l'interrompant.*

Je ne suis pas matelassière à la fin, je m'appelle Mademoiselle Arthémise.

CASSANDRE, *sursautant.*

Hein !... Arthémise ?... Vous vous nommez Arthémise ?... n'êtes-vous pas la fille adoptive de Monsieur Dupiton ?...

Mlle ARTHÉMISE, *surprise.*

Si... vous connaissiez donc Monsieur Dupiton ?...

CASSANDRE

C'était mon oncle.

Mlle ARTHÊMISE

Oh !... la providence fait parfois bien les choses !... En effet, Monsieur, je vous cherchais depuis plusieurs jours. Vous savez que Monsieur Dupiton, qui m'aimait et que j'aimais moi-même comme un père, m'a légué en mourant toute sa fortune. Ne voulant pas le contrarier, j'ai feint alors d'accepter sa succession, mais à présent je ne veux pas garder plus longtemps cet argent qui vous revenait de droit et je vous cherchais pour le mettre à votre entière disposition.

CASSANDRE, *ému.*

Vous êtes généreuse et honnête, Mademoiselle, aussi mon devoir est de refuser cet argent qui vous a été donné par la volonté d'un mourant.

Mlle ARTHÉMISE

Alors, que faire ?...

CASSANDRE

Il y aurait peut-être un moyen.

Mlle ARTHÉMISE

Lequel ?...

CASSANDRE

Puisque je ne puis accepter seul l'argent venant de votre charmante main, pour tout concilier... accordez-moi la main avec.

Mlle ARTHÉMISE

Je ne dis pas non... ce mariage était le rêve de Monsieur votre oncle.

CASSANDRE

Mademoiselle Arthémise, vous me rendez bien heureux. Nous ferons la noce ici dans six semaines !...

Mlle ARTHÉMISE

Dans six semaines ?... mais je ne serai plus ici !... j'ai loué cette maison pour un mois seulement.

CASSANDRE

Comment avez-vous loué... C'était donc vrai ?...

Mlle ARTHÉMISE

Parfaitement. C'est un nommé Guignol...

CASSANDRE, *l'interrompant.*

Maintenant, je comprends tout !... C'est ce pendard qui a voulu tirer profit de mon absence... Je vais le mettre à la porte immédiatement.

Mlle ARTHÉMISE

Mon ami, je vous en prie, ne renvoyez pas ce garçon, puisque sans le vouloir, il a contribué à faire notre bonheur.

CASSANDRE

Vous avez raison, chère Arthémise, je lui pardonne volontiers, car il m'est doux de voir que vous avez bon cœur. Vous êtes la plus tendre des femmes, vous serez certainement la meilleure des épouses.

(*Rideau*).

Le Billet de l'Exposition

Pièce en un acte

PERSONNAGES

GUIGNOL.
GNAFRON, ami de Guignol.
FARFOUILLAT, charbonnier.
CANEZOU, propriétaire.
LE COMMISSAIRE.

Décor : Une chambre.

SCÈNE I

GUIGNOL — GNAFRON

GUIGNOL, *entrant par la droite suivi de Gnafron.* — Hélas!... mon cher Gnafron, je n'ai vraiment pas de chance ! Voilà deux mois que je ne travaille pas.

GNAFRON

Bah !... ce n'est pas la peine de te désoler pour ça, tu finiras bien par trouver de l'ouvrage.

GUIGNOL

Oui, mais en attendant, je me demande comment je vais faire pour déjeuner aujourd'hui, car j'ai une faim de croquemitaine et personne dans le quartier ne veut plus me faire crédit. Je dois de l'argent au charbonnier, au boulanger, au fruitier, au boucher, au charcutier, à l'épicier, etc. ; chaque jour c'est un défilé de créanciers qui viennent me présenter leurs factures. Je ne sais plus de quelle façon m'en débarrasser. Quelle triste situation !

GNAFRON

Quoi !... tu es donc complètement à sec ?..

GUIGNOL

Complètement, je n'ai plus un sou, il ne me reste en poche qu'un billet de loterie de l'exposition, j'ai bien essayé de vendre cette paperasse, mais il n'y a pas moyen.

GNAFRON

N'as-tu pas autre chose à liquider ?...

GUIGNOL

J'ai bien encore quelques vieux meubles démolis et une mauvaise paillasse.

GNAFRON

Saperlotte !... et tu dis que tu n'as plus rien. Donne-moi vite ta paillasse que j'aille la mettre en lieu sûr.

GUIGNOL

Où veux-tu la porter ?...

GNAFRON

Au mont-de-piété, parbleu !...

GUIGNOL

Tu crois pouvoir obtenir quelque argent là-dessus ?

GNAFRON

Pourquoi pas ?... On peut toujours essayer. Où se trouve ta paillasse ?...

GUIGNOL

Derrière la porte.

GNAFRON

Bon !... je vais là prendre en passant et dans un quart d'heure je serai de retour. S'il vient des créanciers pendant mon absence, renvoie-les impitoyablement.

GUIGNOL

Sois tranquille, de ton côté, si tu peux réussir, rapporte des provisions pour déjeuner.

GNAFRON

C'est entendu, je rapporterai de la choucroute, du saucisson et une bonne bouteille de beaujolais. A tout-à-l'heure, Guignol, à tout-à-l'heure !... (*Il sort par la gauche en chantant*) :

Air connu :

Encore un p'tit verre de vin,
Pour nous mettre en route...

SCENE II

GUIGNOL, *seul.*

Ce Gnafron est un garçon charmant, il trouve toujours un moyen pour me tirer d'embarras. Il est si difficile de gagner sa vie aujourd'hui !... Ainsi tenez, l'hiver dernier, j'ai voulu faire du commerce ; j'avais acheté un stock de parapluies que je devais revendre avec de gros bénéfices ; malheureusement, chaque fois que je voulais les vendre il faisait un temps superbe, aussi personne ne m'en achetait ; j'ai donc changé mes parapluies pour des cannes,... ce fut la même chose : chaque fois que je voulais vendre mes cannes il tombait de l'eau !... Dégoûté du commerce, je résolus de me lancer dans l'industrie, je fabriquais des caleçons de bains pour escargots, c'était excellent... Quinze jours après, je faisais faillite. C'est alors que... mais j'entends la voix de Farfouillat, mon charbonnier, il vient certainement me réclamer le prix d'un sac de charbon que je lui dois (*Prenant un sac dans la coulisse droite*). J'ai bien encore le sac vide... Oh !... quelle idée !... Si je me cachais dans ce sac pour faire croire à Farfouillat que je ne suis pas là... Parfaitement... nous allons rire... Vite, dépêchons-nous d'entrer dans le sac (*Il entre dans le sac et se couche sur la planchette*) et maintenant ne bougeons plus.

SCENE III

GUIGNOL, *dans le sac* — FARFOUILLAT

FARFOUILLAT, *entrant par la gauche. Fort accent auvergnat.*

Chignol n'est pas encore là !... Ah !... Déchidément che Chignol est un vilain Galapiat... y me paye pas mon charbon et y che moque de ma figure... cha peut pas durer comme cha !... Chaque fois que je viens ch'est la même chose...

GUIGNOL, *éternuant.*

Atchoum !...

FARFOUILLAT

Allons, bon, voilà que je m'enrhume !... Non, cha peut pas durer comme cha !...

GUIGNOL, *éternuant plus fort.*

Atchoum !...

FARFOUILLAT, *regardant de tous côtés.*

Qu'est-ce qui fait cha ?... (*Apercevant le sac*). Ah !... bougri de bougra !... je ne me trompe pas, voichi mon sac de charbon... Oh ! je cherais bien bête de le laicher ichi... puisque Chignol ne veut pas me payer, je vais le reprendre et le porter dans ma boutique (*Il veut prendre le sac. Au moment où il avance, Guignol se recule*) Fouchtra !... cha ch'est drôle. Voilà mon chac qui marche tout cheul comme le métropolitain !... *Il veut reprendre le sac. Guignol se recule encore*). Qu'est-ce que cha veut dire ?... (*Il veut reprendre le sac, mais cette fois Guignol se redresse subitement, saisit Farfouillat à bras-le-corps et le force à danser*) Arrête !... arrête !... Bougri !... je chuis tout essoufflé !... je n'ai jamais vu de charbon comme cha... Oh !... mais je vois bien ce que ch'est, ch'est ce maudit Chignol qui ch'est caché dans le chac pour me faire une plaisanterie... Attends, mon gaillard, chette fois tu m'échapperas pas (*Il s'élance sur le sac, mais Guignol, après quelques instants de lutte s'échappe par le bas du sac et sort par la droite en laissant le sac entre les bras de Farfouillat qui croit toujours tenir Guignol*) Ah !... je te tiens !... rends-moi mon argent, voleur, chi tu peux pas me donner tout, donne-moi toujours quelque chose.

GUIGNOL, *entrant par la droite armé d'un bâton et frappant*

Tu veux quelque chose ?... Tiens, prends toujours ça !..

FARFOUILLAT, *s'enfuyant par la gauche.*

Achez !.. Achez !... A moi !... Au checours !...

GUIGNOL, *seul.*

Ah !... ah !... enfin, me voilà toujours débarrassé d'un. J'entends de nouveau monter l'escalier... Qui peut bien venir encore me déranger ?... (*regardant dans la coulisse gauche*). Aïe !... c'est Monsieur Canezou, mon propriétaire... Que pourrais-je bien faire pour le renvoyer également ?... Il est poltron comme tout... si je... Oui, oui... parfaitement... je vais lui faire une de ces peurs... le voici... cachons-nous vite de ce côté... (*Il sort par la droite*)

SCENE IV

CANEZOU — GUIGNOL

CANEZOU, *entrant par la gauche.*

C'est bien vous pouvez redescendre, Monsieur Pipelet, vous allez voir si ce scélérat de Guignol se moquera de moi plus longtemps... (*regardant de tous côtés*). Tiens, il n'y a personne... brr... je ne suis pas très rassuré... C'est vrai, chaque fois que je me trouve seul, je tremble malgré moi... J'ai lu justement hier soir un livre où l'on parlait de fantômes et d'esprits frappeurs et cette mauvaise pensée me revient à l'esprit. Bah !... Je suis bien naïf de croire à de pareilles sornettes... ce sont des choses qui n'existent pas

GUIGNOL, *entrant en cachette à la fin de ce dialogue et lui donnant un formidable coup de bâton*

Si, elles existent!... (*Il se sauve aussitôt par la droite*).

CANEZOU, *épouvanté.*

Ciel !... Miséricorde !... Je suis perdu !... Voici les esprits frappeurs... Cette chambre est ensorcelée... sauvons-nous !...

GUIGNOL, *entrant brusquement par la droite, recouvert d'un drap blanc.*

Arrête !... simple mortel !...

CANEZOU, *tremblant.*

Grâce !... Monsieur le Fantôme... ne me faites pas de mal !...

GUIGNOL

Que viens-tu faire ici, malheureux ?...

CANEZOU

Je venais réclamer de l'argent à un nommé Guignol, un fripon qui me doit beaucoup et qui ne veut pas me payer

GUIGNOL

Tu mens !... Guignol est un honnête homme. Si tu viens encore le déranger tu auras à faire à moi.

CANEZOU

Oh !... Monsieur le Fantôme... je vous jure de ne plus revenir.

GUIGNOL

Alors, va-t-en !... Surtout ne remets jamais les pieds ici ou sans cela je te réduis en poussière !... (*Canezou sort précipitamment. Guignol, rejetant le drap qui le couvrait*) Ah !... ah !.. il n'a pas été long à se sauver !... En voilà encore un qui ne reviendra plus certainement... Mais j'entends du bruit... c'est peut-être Gnafron qui revient... Voyons voir... (*Il sort à gauche et rentre aussitôt*). Pristi !... le Commissaire de police.

SCENE V

GUIGNOL — LE COMMISSAIRE

LE COMMISSAIRE, *entrant par la gauche.*

Bonjour, Monsieur. Vous vous appelez bien Guignol ?

GUIGNOL

Oui, Monsieur le Commissaire.

LE COMMISSAIRE

Il paraît que vous devez de l'argent à presque tous les commerçants du quartier.

GUIGNOL

En effet, j'ai cet honneur.

LE COMMISSAIRE

Tous les jours, ces gens viennent déposer des réclamations à mon bureau ; il faut que cet état de choses cesse au plus vite.

GUIGNOL

Je ne demande pas mieux.

LE COMMISSAIRE

Très bien !... Monsieur Guignol, je vois avec plaisir que vous revenez à de meilleurs sentiments. C'est un réel bonheur, voyez-vous, que de payer ses dettes.

GUIGNOL

Evidemment.

LE COMMISSAIRE

C'est une action très louable.

GUIGNOL

Parfaitement.

LE COMMISSAIRE

Quand on ne doit rien à personne, on a le cœur en paix et la conscience tranquille.

GUIGNOL

Vous avez raison.

LE COMMISSAIRE

On peut marcher la tête haute.

GUIGNOL

Absolument.

LE COMMISSAIRE

Sans avoir rien à se reprocher.

GUIGNOL

Certainement

LE COMMISSAIRE

N'êtes-vous pas de mon avis ?...

GUIGNOL

Tout-à-fait.

LE COMMISSAIRE

Alors, qu'attendez-vous pour payer ce que vous devez ?...

GUIGNOL

De l'argent.

LE COMMISSAIRE

De l'argent ?... N'en avez-vous pas ?...

GUIGNOL

Hélas !... je n'en ai plus depuis longtemps; comme toute fortune, il me reste encore quelques vieux meubles qui ne valent pas grand-chose et un billet de loterie de l'Exposition

LE COMMISSAIRE

Vous avez un billet de loterie de l'Exposition ?...

GUIGNOL

Oui, j'ai même essayé de le vendre bien des fois, personne n'en a voulu

LE COMMISSAIRE

Quel est le numéro de votre billet ?...

GUIGNOL

Le numéro 13.

LE COMMISSAIRE, *tombant sur la planchette du théâtre.*

Ah !... mon dieu !... j'en tombe à la renverse...

GUIGNOL

Allons, bon !... Qu'est-ce qui lui prend ?... Voilà

le Commissaire qui tourne de l'œil !... (*lui frappant sur la figure*) Voyons, Monsieur le Commissaire, qu'y a-t-il ?...

LE COMMISSAIRE, *se relevant.*

Vous ignorez donc que le tirage de la loterie de l'Exposition a eu lieu ce matin et que le numéro 13 gagne le gros lot de 50.000 francs ?...

GUIGNOL, *tombant sur la planchette du théâtre.*

Comment je... Oh !... je m'évanouille !...

LE COMMISSAIRE, *secouant Guignol.*

Du calme, Monsieur Guignol, remettez-vous !...

GUIGNOL, *se relevant.*

Quelle chance de ne pas avoir vendu mon billet !... Monsieur le Commissaire, je suis trop heureux... il faut que je vous embrasse !.. (*Il saute au cou du Commissaire*).

LE COMMISSAIRE, *se débattant.*

Voyons, mon garçon... lâchez-moi... Vous allez m'étouffer !...

GUIGNOL

Oh !... que je suis content. Cette agréable surprise arrange tout ; désormais je vais pouvoir payer mes dettes et aller vivre tranquillement de mes rentes à la campagne.

LE COMMISSAIRE

Monsieur Guignol, ma mission est terminée, je n'ai

plus rien à faire ici, aussi permettez-moi de me retirer, enchanté de vous avoir annoncé cette bonne nouvelle.

GUIGNOL

Monsieur le Commissaire, je m'en souviendrai toute ma vie et même après. Si vous venez me revoir un jour, je vous garantis que nous ne nous embêterons pas.

LE COMMISSAIRE

J'en suis certain... Au revoir, Monsieur Guignol (*Il sort par la gauche*).

GUIGNOL, *seul.*

C'est extraordinaire tout de même !... La lune me serait tombée sur la tête que je ne serais pas plus surpris. On a bien raison de dire que la fortune vient sans y penser.

SCENE VI

GUIGNOL — GNAFRON

GNAFRON, *entrant par la gauche avec un matelas sur les épaules.*

Bonjour, Guignol (*posant son matelas sur la planchette du théâtre*). Ouf !... je viens du Mont-de-Piété... Quelle guigne !... On m'a refusé de prendre ta paillasse. Comment vas-tu faire pour déjeuner ?...

GUIGNOL

Ne t'inquiète pas de ça, je vais aller déjeuner dans le plus grand restaurant de Paris.

GNAFRON, *surpris.*

Es-tu fou ?...

GUIGNOL

Non, mon cher Gnafron, car pendant ton absence, j'ai appris que j'avais gagné le gros lot de la loterie de l'Exposition.

GNAFRON

Sapristi !... Est-ce bien vrai ?...

GUIGNOL

Tout ce qu'il y a de plus vrai.

GNAFRON

Alors, c'est bien malheureux.

GUIGNOL

Comment cela ?...

GNAFRON

Dame !... maintenant que tu es riche, tu vas peut-être me dédaigner et ne plus vouloir parler à un pauvre ouvrier comme moi.

GUIGNOL

Oh !... Gnafron, tu me fais beaucoup de peine de penser que je puisse agir ainsi ; au contraire, je serai très heureux de pouvoir te faire profiter de mon bonheur. Dans pareil cas, ceux qui oublient leurs parents et leurs amis sont des cœurs vils et des âmes malhonnêtes qui ne méritent pas le bien qui leur échoit.

GNAFRON

Oh !... mon vieux Guignol, comme tu parles bien!... tu m'en fais venir la larme à l'œil !...

GUIGNOL

Allons, Gnafron, ne perdons pas notre temps en sensibleries, soyons tout à la joie, partons joyeusement toucher mon argent et ensuite nous irons déjeuner. En avant... marche !... (*Ils sortent tous deux, en chantant*).

Encore un p'tit verre de vin,
Pour nous mettre en route.
Encore un p'tit verre de vin,
Pour nous mettre en train !...

(*Rideau*).

TABLE DES MATIÈRES

MÊME LIBRAIRIE

PIÈCES POUR THÉATRE GUIGNOL

GUY DORREZ

GOURDUCHON, BIDOUCHARD ET Cie, six petites pièces.

DE GRAFFIGNY

CONSTRUCTION DU THEATRE GUIGNOL, une brochure contenant toutes les indications pratiques pour la fabrication et la préparation des accessoires avec plans et croquis. Couverture illustrée en couleurs.

AVENTURES DU BARON DE PIERRAFEU (LES), com. en 2 actes et 12 tableaux.

BONNE PARTIE DE CAMPAGNE (UNE), com.-vaud. en un acte et 2 tableaux.

CULOTTE ROUGE OU LE VAINQUEUR DU KRAKEN, drame-féerie en 4 actes et 5 tableaux.

DEUX AVOCATS (LES), comédie-bouffe en un acte.

FARCES DE GUIGNOLET (LES), comédie en un acte et 2 tableaux.

GUIGNOL APACHE, mélodrame en 5 actes.

MALADE RÉCALCITRANT (LE), comédie-bouffe en un acte.

MALLE FANTASTIQUE (LA), comédie-bouffe en un acte et 2 tableaux.

MARCHAND DE COUPS DE BATON (LE), comédie en un acte.

MARIAGE D'ARGENT (UN), comédie-vaudeville en un acte avec chants.

POLICHINELLE ERMITE, comédie-bouffe en un acte.

TALISMAN (LE), grande féerie en 2 actes et 12 tableaux.

TRACAS DU PÈRE CAFIGNON (LES), pièce comique en un acte.

TRÉSOR DU POLE (LE), comédie-féerie en 5 actes et 6 tableaux.

Sur demande

envoi franco du catalogue complet des

COMÉDIES, DRAMES, OPÉRETTES, SAYNÈTES ET MONOLOGUES.

NEMOURS. — IMP. ANDRÉ LESOT. 31-10-29

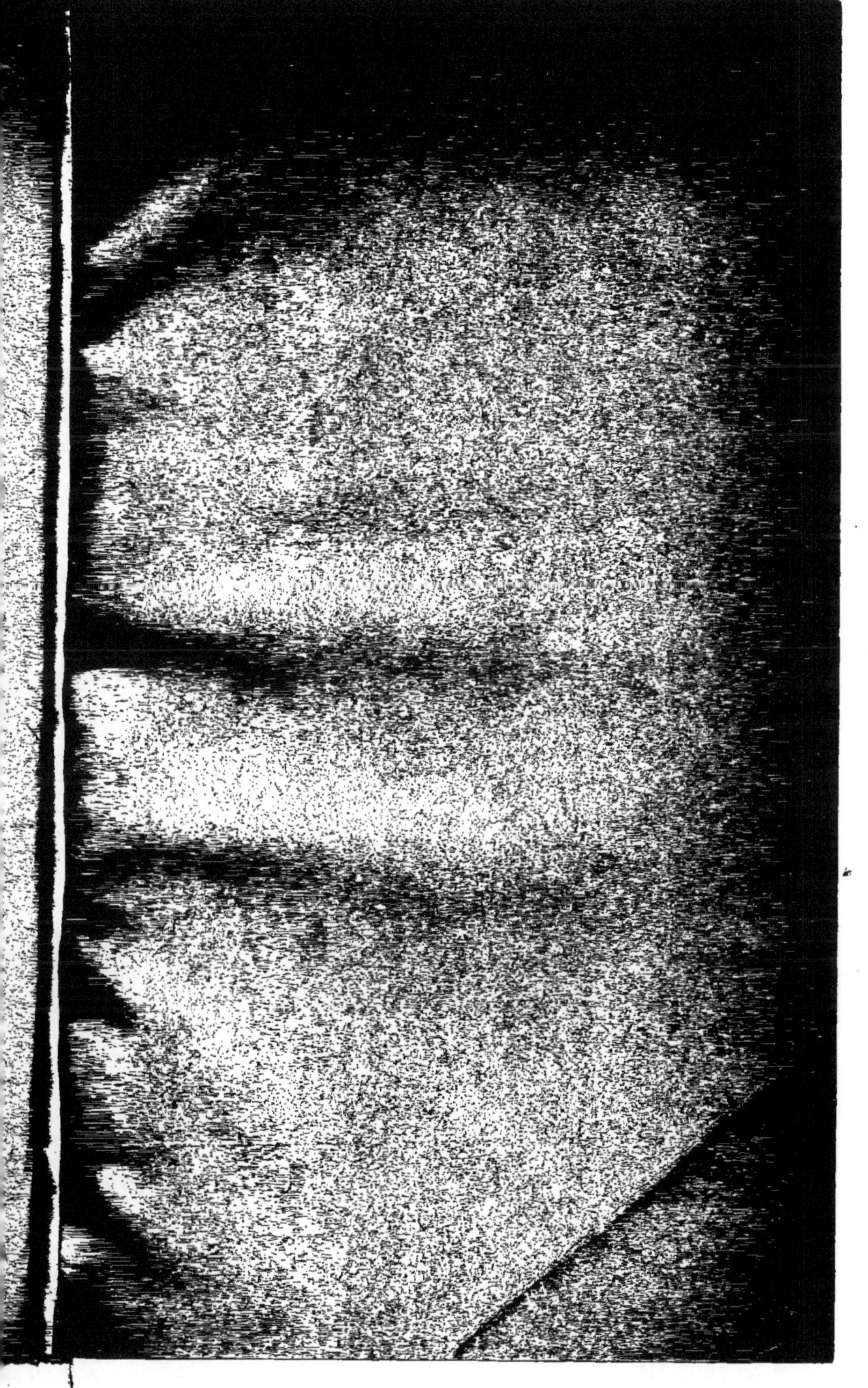

MÊME LIBRAIRIE

Saynètes et Dialogues pour Jeunes Filles

La Chevrière d'Alsace, saynète-dialogue par Paul Croiset.
Le Chemin de l'école, saynète, avec *musique*, par Marie Guerrier de Haupt.
Les enfants de la France, saynète, *musique*, par le même.
La Leçon à la poupée, saynète, avec *musique*, par le même.
Lolotte et Liline, saynète, par G. de Wailly.

Saynètes et Dialogues pour Jeunes Gens

Ah ! si j'étais professeur ! saynète, par Victor Thorelle.
A la recherche de Bistouille, saynète-dial., par Boucherot.
Arthur au téléphone, saynète, par Paul Croiset.
Bénédic, pièce en 1 acte, par Arthur Dourliac.
Blanc et Noir, Saynète par Th. Botrel.
Le Chevrier d'Alsace, dialogue, par P. Croiset.
Le Client Grincheux, saynète, par Guy-Tong.
Comme papa ! saynète avec *musique*, par Elie Leserre.
Condamné à mort, farce moyen-âgeuse, par F. Niolle.
Un début dans la Photographie, sayn.-dial., par Marcevaux.
En prison, saynète, par Fabre des Essards.
Le Lion et le Rat, saynète, par P. Croiset.
La Parole est d'argent, mais... par José Germain.
Les Pièces d'or, saynète, par Th. Botrel.
Le Plus malin des trois, saynète militaire, par A. Boucherot.
Le Poisson, saynète, par Oselma.
La Question sociale, dialogue, par V. Trotelle.
Le Renard et le Bouc, saynète, par le même.
Sur le Boulevard, saynète, par C. Norbert.
Une Partie de pêche, saynète champêtre, par Ary-Stéphane.
Virgamelle et Patrouillot, saynète militaire, par le même.

PANTOMIMES, avec couverture illustrée en couleur.

Le Petit Lutin, 1 acte, par Saulnier.
Ohé Méphisto ! 3 tableaux, par Ch.-C. Schmidt.

Scènes ou Récits dramatiques pour Jeunes Gens ou Jeunes Filles

Brochure in-8°, couverture illustrée en couleur.

Le Grand Coquelicot et le petit Boër, Conte du Transvaal, par Ch. Le Roy-Villars, in-8°, broché.
Les Cerisiers du Paradis, conte de Noël, par le même.
La Mort d'Athalie, scène tragique, par De Larmandie.

Sur demande, envoi franco *du catalogue*
des Comédies, Drames et Monologues
Pièces de Guignol — Chansons et Chansonnettes

Nemours — Imprimerie André Lesot.

www.ingramcontent.com/pod-product-compliance
Ingram Content Group UK Ltd.
Pitfield, Milton Keynes, MK11 3LW, UK
UKHW021103270726
13993UKWH00006B/801

9 782329 036731